経費で落とす！
領収書
がわかる本

¥
税理士法人フォーエイト 代表税理士
鎌倉 圭

自由国民社

まえがきにかえて

スマートな納税で
ビジネスは
もっと楽しくなる！

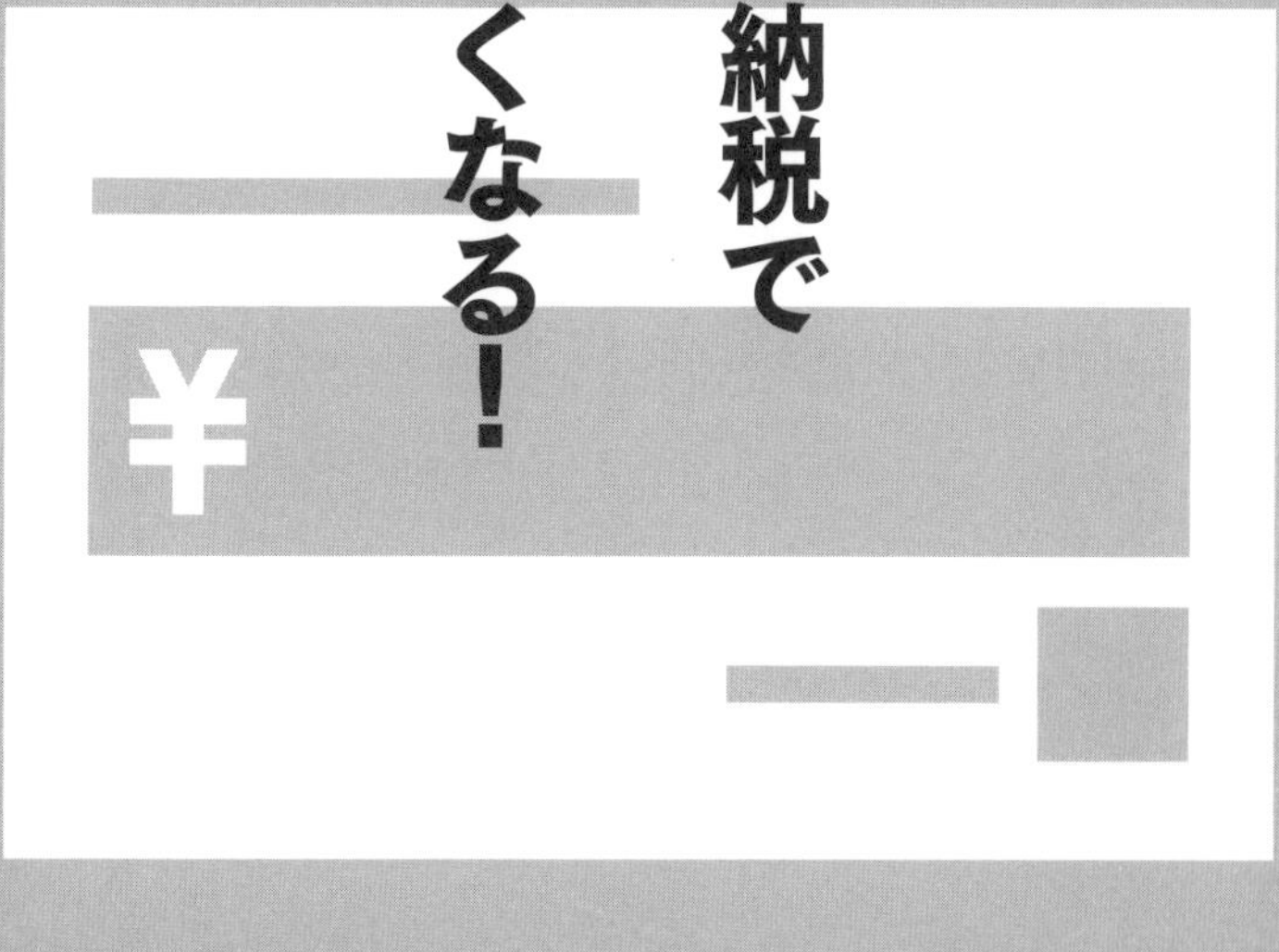

大学や専門学校など、学校を卒業して企業に就職しても、終身雇用が約束されることは少なくなり、低賃金で契約や派遣などの社員として働き続ける人が急増している現代社会を反映して、「働き方」の選択肢はレパートリーを増やしつつあります。

そんな時代背景のなか、企業の一員として「安定」を求めるよりも、より「自由」であることを選択される人が多くなってきました。

自らの判断で決断し、自分の力だけで収入を得る人……つまり、あらゆる職種のフリーランスで働く人や個人事業主の方々です。

さらに、二足の草鞋《わらじ》的な人もまた増加傾向にあるようです。

それはサラリーマンとして働きつつも、副業としてインターネットなどを利用したサイドビジネスで、＋αの収入を得ている人々です。

安穏としていてはなかなか楽しく生きづらい世の中を、自らの裁量を信じて、たくましく生き抜こうとしているフリーランスや個人事業主の方々、また二足の草鞋リーマンの人々こそが、新しい国の在り方を示し、革新的な時代を切り開く旗手なのだと私は常々思っています。

私自身、いまこそ税理士事務所を経営する企業人の身ですが、実は安穏とは程遠い試行錯誤の連続の日々を過ごしてきたひとりです。

私は高校を卒業して、故郷の長野県から上京し、税理士試験の勉強に励みながら、大好きな音楽の道もあきらめずに格闘してきました。

税理士試験に合格したのを契機に、さらに音楽活動を本格化して、翌年には初めてのアルバムを発売することができました。

そのアルバムは、iTunes Storeチャートで、ダウンロード数5位を獲得し、その後に配信したシングルも軒並みヒットを重ねることができました。

現在は、テレビ東京の人気番組「モヤモヤさまぁ～ず2」のエンディングテーマも手掛けさせていただいていますし、PS3やXbox360などの主題歌も担当させていただいています。

二足の草鞋スタイルを大切にすることで、私のビジネス&人生はとても楽しく、豊かなものにできたと思っています。

私は一税理士として、日々さまざまなフリーランスや個人事業主、二足の草鞋リーマンの方々と接していますが、いつも感じていることがあります。

それは、

「みなさん、税金を払い過ぎです！」

ということです。

確かに納税は、日本という国を経営していくための費用を構築する大切な国民の義務です。

しかし、**本来税法上も納める必要のないお金を税金として支払う必要はまったくない**のです。

誤った税金の払い過ぎは、納税者の生活上の疲弊をまねき、バリバリ働くた

めの意欲も削いでしまうので、国にとってもプラスであろうはずがありません。

だからといって、もちろん「脱税をしろ！」なんていっているわけではありません。

会社に勤めるサラリーマンと違い、自分で会計処理をおこなうフリーランス、個人事業主、また同様に確定申告が必要となる二足の草鞋リーマンのみなさんには、**税金のルールをしっかり知っていただいて、スマートな納税をしてほしい**のです。

税理士の勉強を続けた結果として税金のルールを熟知できたことで、私は比較的若いときからスマートな納税をすることができました。

その恩恵によって、働くこと、生きることに疲弊することなく、税理士とミユージシャンという両道をビジネスとして楽しみ、現在もワクワクしながら新しいチャレンジを続けることができ、いま充実した毎日を送ることができているのです。
その結果、納めることのできた税金総額は増えたに違いありません。

つまり、
スマートな納税こそが、
与えられた安定よりも楽しい自由を選んだフリーランス、
個人事業主、二足の草鞋リーマンのみなさんを元気にして、
新しいビジネスの可能性を開いてくれる、
幸福の扉の鍵となります。

みなさんの明日への**ビジネスの活力が湧くことで、**

結果、国を支える納税額は増えて、
日本という国はもっともっと元気になるはずです。

本書では、税金の払い過ぎを防いで、スマートな納税を実現するノウハウをわかりやすく解説していきます。

そのメインテーマとは、ずばり**「領収書」**です！

目次

第2章　実例・攻めの領収書術①　キホンの経費は確実に落とす

第3章 実例・攻めの領収書術②
上手に使えば「交際費」も節税に効果的 107

第4章 実例・攻めの領収書術③ 備品はどこまで経費になるの？ 131

第5章 実例・攻めの領収書術④ 見落としがちな経費もしっかり計上しよう 155

第1章

必要経費のキホンがわかれば税金対策も怖くない

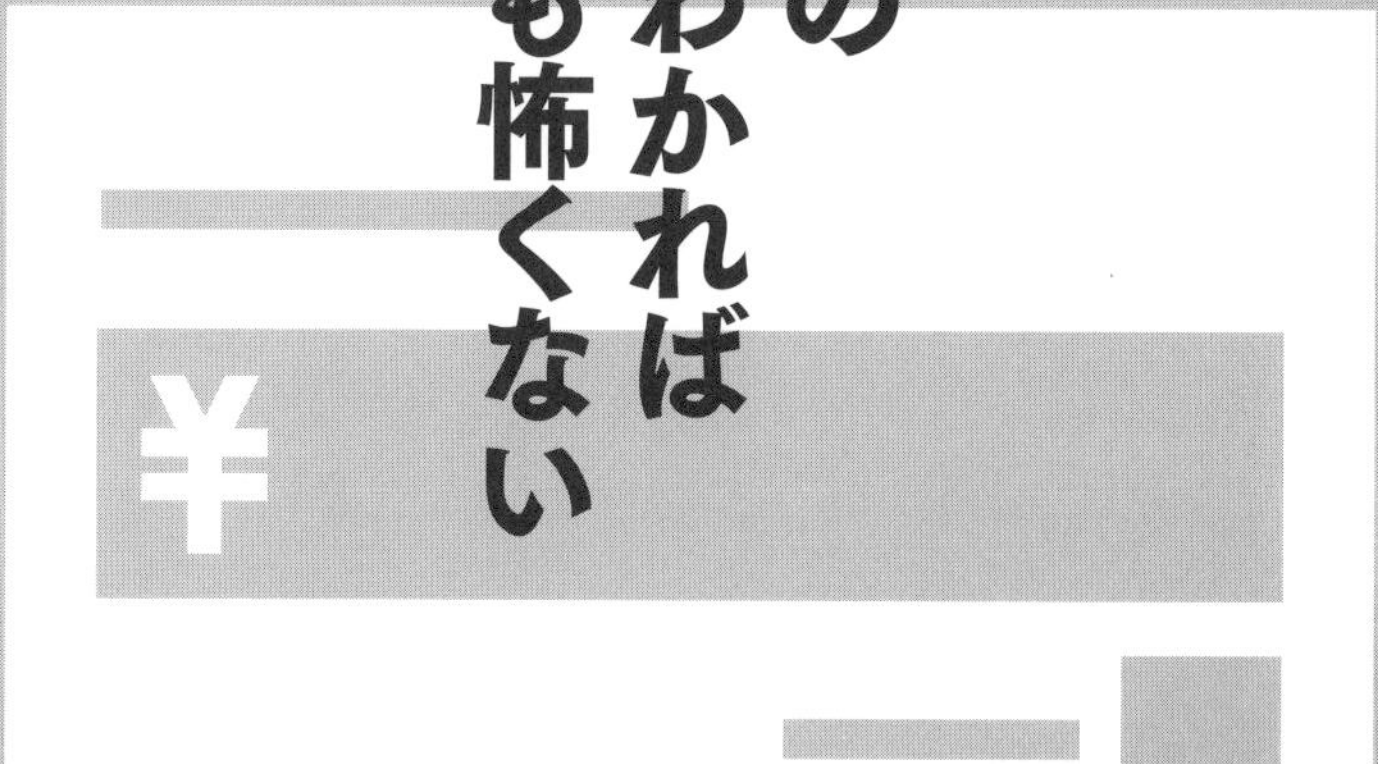

個人事業主・フリーランスの節税のキホンは経費の積み上げ

個人事業主やフリーランスの方、また副業で収入を得ている二足の草鞋リーマンの人にとって、本来払わなくていいお金まで税金として納めてしまうことのないように、スマートな納税を実現するためには、きちんと「節税」する感覚が必要不可欠です。

節税とは、租税法という税金に関する法律の適用範囲内において、きちんと認められた**控除や非課税の制度を活用し、税金額を軽減する**ことをさしますので、もちろん脱税とは違います。

一方脱税とは、ウソの申告や不正な操作によって、納税を免れる犯罪行為ですから絶対に許されません。税務署によって脱税が認められれば、追徴課税という金銭的ペナルティが課されるだけでなく、社会的にも大きな制裁を受けることになります。

みなさんが違法な脱税ではなく、**きちんと認められた節税の努力をするために重要なのが「領収書」**です。

税金額を軽減するための方法は、「売上減」か「経費増」のいずれかしか、基本的には手段がありません。

しかし、売り上げのよい年に、節税を目的に売り上げを意識的に減らすことはできませんし、そのために売り上げの一部を隠せば脱税になってしまいます。

つまり、**節税対策とは控除や非課税の制度の活用以外には、「経費増＝経費を積み上げる」ことしかない**ので、そのためには必要経費を証明する領収書の使い方に長けていなくてはなりません。

しかし、私が税理士としてクライアントの方々とお会いするたびに目の当たりにするのは、みなさんが税金を必要以上に払い過ぎているという事実です。

そこにあるのは、クライアントのみなさんが持っている、

「これが経費で落とせるわけがない」

という誤った先入観です。

もちろん、その人の業界、業種にもよりますが、みなさんが思っている以上

に法律は広く経費枠を認めています。

大事なことは、購入したものや旅行、食事などの内容が、**「どのように本業に結びつき、売り上げに貢献しているのか？」ということを常に考えるクセをつける**ことと、そこに働く感性を磨くことです。

ひとつ例を挙げましょう。

最近、私の元にいらっしゃったクライアントで、料理研究家として活動されているNさんという方がいました。

Nさんは、日々料理の研究を重ねながら、著書を出版したり、他の人の著作物にレシピを提供、監修したり……という料理研究家としてのお仕事に邁進されているのですが、近年出版事業が好調で、印税収入が増えてきたため、ご相談にいらっしゃいました。

Nさんは、確定申告時の所得税青色申告決算書のコピーを手にして、経費枠についていて、いろいろとご相談されたのですが、お話をお聞きするうちに、計上している経費が少な過ぎると私は感じはじめました。

そこで、ひとつ質問してみたのです。

「毎日、料理の研究をされているということですが、その食材の購入費は経費計上されていますか？」

「いいえ、していません。もちろん、料理の研究は毎日欠かしませんけど、つくった料理は主人と食事として食べていますので……」

「いやいや、料理をつくったら食べるのは当たり前ですよ。たとえ、それが家庭での夕飯になったとしても、その調理が研究であることに違いはありません。旦那様が食べたとしても、他の人の感想を聞くのも研究には必要ではないですか？」

「確かに……そうですね。では、私の場合、毎日の食事づくりは料理研究家としての職務ですから、そのために購入した食材は経費として認められるんですね？」

「お聞きする限り、100％経費で処理できますよ。食材費だけでは、ありません。調味料や調理器具、食器なども、もちろん経費でOKです。Nさんは、外食はよくされますか？」

「もちろんです。よその料理を食べ歩くのも、研究のうちですから」

「では、その外食の食事代は当然計上されていますね？」

「えっ……。いいえ、していません」

「なぜですか!?」

「私ひとりで、昼食を兼ねて食べ歩くだけですから……」

「それも立派な研究ですよ！　キチンと領収書をもらって、経費にのせましょう！」

料理研究家であるNさんの場合、日々の料理研究にかかる食材、調味料、調理器具や備品、食器はもちろんのこと、ご自身の外食における食事代も、税制上の立派な「研究費」として認められるはずです。

それだけでなく、取材を兼ねていれば旅行代金一切も「取材費」や「旅費交通費」などとして、ほぼ経費扱いになるでしょう。

お話を聞く限り、Nさんは法律できちんと認められている範囲で、1年間で合計100万円以上の経費を計上することなく、確定申告をされているようでした。

料理研究家となって10年目ということでしたから、これまで恐らく数百万円～一千万円にのぼる金額を経費に計上することなくスルーしてしまったのではないでしょうか。

これは非常にもったいない話です。

もったいないのは、納税し過ぎている分の直接的なお金だけの話ではありません。

10年間で数百万円〜一千万円にのぼる経費をかければ、Nさんの料理研究家としての活動、ビジネスはもっと高いクオリティに、かつ多角的に拡大できた可能性があります。

その分の新しいビジネスが生まれ、収益を上げられていれば、結果的に10年間のNさんの納税額は増えるはずですから、日本はその分もっと元気になり得たかもしれないのです。

このNさんのように、みなさんも本来払わなくていいお金まで税金として納めていませんか？

命の次に大事なお金です。

お金を使うたびに、

「この出費は経費なのでは？」

と常に考え、自分の仕事につながるものか否かを精査する習慣を身につけて、無駄のないスマートな納税を実現することで、いい仕事をどんどん増やし、ジャンジャン稼ごうではありませんか。

そのことこそが**みなさんのビジネス&人生を豊かにし、さらにはこの国をより元気にする**のだということを覚えておいてください。

節税したつもりが浪費になることもある

使ったお金とみなさんのお仕事との関係性について、その都度考えるクセがつけば、料理研究家のＮさんのように、「これが経費で落とせるわけがない」という先入観による失敗は防ぐことができます。

しかし、そのあとにもまだ落とし穴があります。

その落とし穴とは、**「節税への勘違い」**です。

節税は「節約」と異なり、お金が出ていかないものではありません。

租税法で定められた控除制度など、お金の出ていかない節税も手段としてはありますが、基本的にはキャッシュが出ていくものですから、**節税をやり過ぎて資金がショートする……**なんて、冗談のような状況も起こり得ます。

たとえば、還付金目当ての**ふるさと納税**です。

所得税を支払うぐらいであれば、ふるさと納税をして自治体から送られてくるお礼の品をもらい、寄附した分を所得税の控除対象にして、還付金を増やそう……という人は少なくなく、なかなか熱く盛り上がっています。

もちろん、ふるさと納税は地方の活性化に大きく貢献しているものですので、大変いいシステムです。

しかし、地方への貢献を除いて考えれば、送られてくるモノを目当てに**ふるさと納税に励み過ぎるのはキケン**です。

私はときおりクライアントさんから、次のような質問を受けます。

「所得税を払いたくないので、その分お礼がもらえるふるさと納税をガンガンやりたいんだけど、ＭＡＸどれぐらいやれるものなの？」

思わずキョトンとしてしまうのですが、私はたずね返します。

「ふるさと納税をガンガンやってどうするつもりなんです？　手元にあるお金なくなっちゃいますけど……それでもいいですか？」

というと、クライアントさんはびっくりされて、

「えっ！　そうなの？　じゃあ、やっぱりやめます！」

このクライアントさんのマインドこそが、**ふるさと納税をやればやるほど節税になる……という節税への勘違い**です。

ひとつ例を挙げましょう。

最近のふるさと納税では、人気の定番となっている和牛やブランド米などの

特産物、地域の宿泊施設の宿泊券などだけでなく、家電商品などもお礼の品として贈られることがあります。

たとえば、パソコンなども選ぶことができます。

「仕事用に新しいパソコンが欲しい！」

と常々考えていたグラフィック・デザイナーさん……仮にKさんとしましょう。

そんなKさんは、はたと膝を打ち、グッドアイデアを思いつきます。

「そうだ！　ふるさと納税でパソコンを入手すれば、新型のパソコンが手に入り、納税した分が控除になって還付金で戻るではないか！」

そこでKさんは、新しいパソコンが特典の返礼品とされている地方自治体にふるさと納税をするわけですが、その返礼品をゲットするためには当然一定額以上の寄附をしなければなりません。

この場合、**一定額以上の寄附金額とは、当然パソコンの定価より高額になりますので**、Ｋさんがパソコンというモノ目当てだけでふるさと納税をすれば、寄附金額分の税額控除はされますが、欲しいパソコン自体は定価よりも高く買うことになるということになってしまいます。

もちろん金額や商品にもよりますが、ふるさと納税を純粋な節税対策の手段として考えるのは、少々リスクがあります。

これは、もともとふるさと納税は地方を創生する考え方から生まれたアイデアであるため、至極当然のことです。

つまり、**ふるさと納税という制度は、寄附をする側に地方を応援する気持ちがあってこそのシステム**なのです。

Ｋさんのような発想で、ふるさと納税をするのであれば、むしろパソコンは経費で購入して、領収書をもらってキチンと経費計上するほうが得策であるというのが私の考えです。

というのは、この経費はフリーランスや個人事業主の方々に課されている**個人事業税**に反映されますので、かえってお得になるケースが多いからです。

（個人事業税に関しては、１６８ページを参照してください）

もちろん、購入時に領収書をもらって、キチンと経費計上したとしても、ふるさと納税同様に「お金が出ていく」ことには違いありませんので、使い過ぎて手元にお金が残らないというのは本末転倒です。

節税したはずが浪費になって、事業資金がショートしてしまっては目も当てられなくなってしまいます。

つまり、**みなさんの事業で稼いだお金の一部を税金で払うか、有効な経費として使うかという問題ですので、事業収益に対する費用対効果をしっかり見極めることが大切**です。

また、税金とは納税者の所得金額に応じて税率が変わるものですが、それは次ページの図のように階段状に段階的に変動するようになっています。

毎年2月中旬~3月中旬におこなわれる確定申告で書類を作成するときだけではなく、日頃からみなさんの事業収入で課税対象となる所得がどの程度になるのかを常に気にかけておき、秋を迎える頃からは、**税率が上がる少し前に課税対象となる所得額をランディングできるように事業計画を臨機応変に調整する**のが得策です。

所得税の超過累進税率

課税される所得金額		税率	控除額
195万円以下		5%	0円
195万円を超え	330万円以下	10%	97,500円
330万円を超え	695万円以下	20%	427,500円
695万円を超え	900万円以下	23%	636,000円
900万円を超え	1,800万円以下	33%	1,536,000円
1,800万円を超え	4,000万円以下	40%	2,796,000円
4,000万円超		45%	4,796,000円

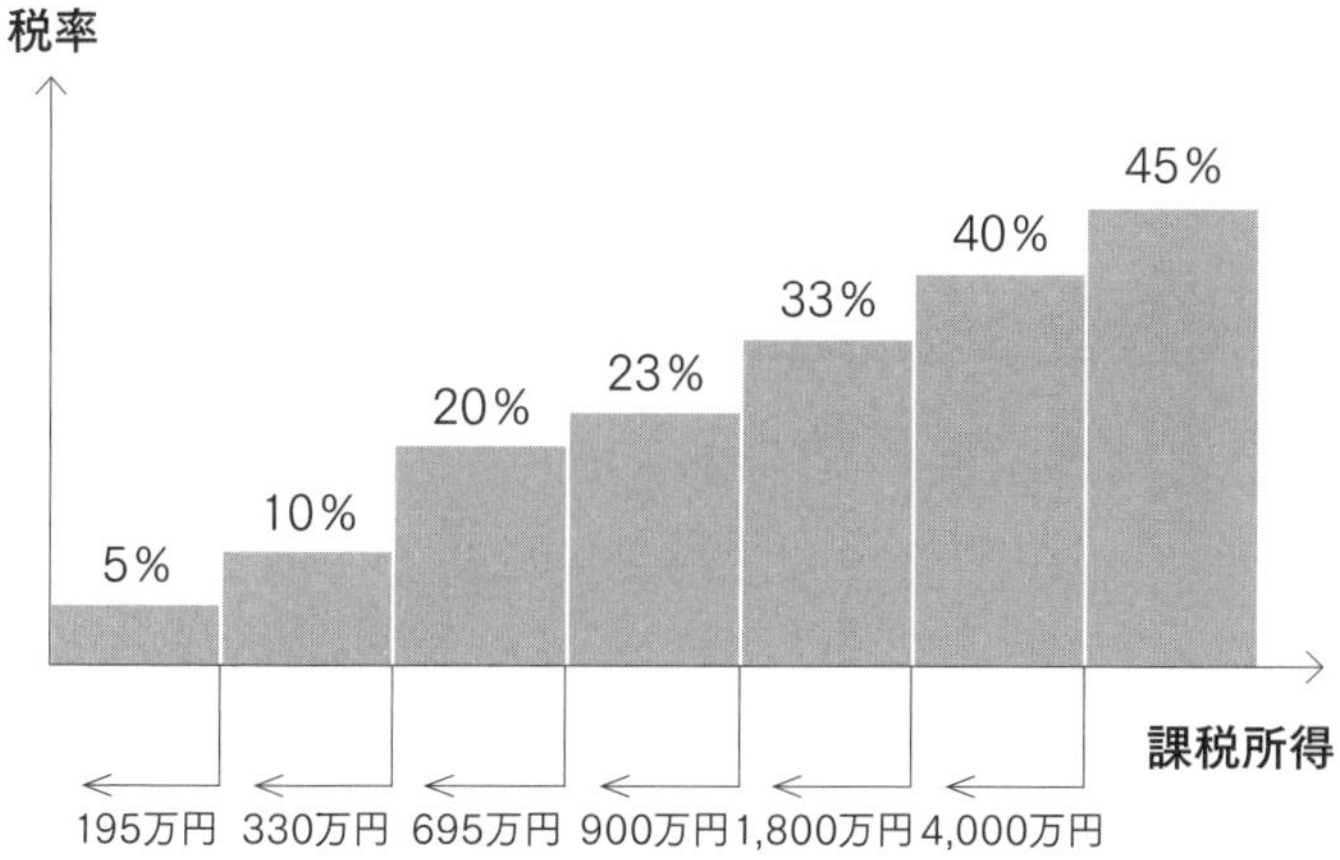

（平成29年4月1日現在法令等・平成27年分以降）

この場合も、適切かつ有効な経費の積み上げをしているかは、大きな意味をもってきます。

所得が少なくても税制調査の対象になる

「うちは年収が少ないから、税務署は相手にしていない」

という人がいますが、これは完全に誤解です。

私がいままで聞いた話では、**年間の売り上げが３００万円の個人事業主の方に税制調査が入った**というケースもあります。

どのような納税者に税制調査に入るのかは、あくまで税務署サイドが決めることですから、私のような一税理士がいえるものではないのですが、あくまで個人的な印象としては、以前は年商の大きい納税者ばかりが対象とされる傾向だったようですが、近年はその傾向が薄れてきていると感じます。

税務署サイドが金額ベースではなく、おそらく何か点数制のような評価基準を設定して税制調査先を決めているのではないか？というのが私の推論です。

では、どのような納税者が税制調査に入られやすいのかというと、**一言でいえば収入と支出のバランスがおかしい人**といえるでしょう。

まず、**赤字の収支が続いている人は怪しい**……と考えられると思います。

なぜなら、赤字経営が続いているということは、生活が困窮しているはずであり、税務署でなくても、

「どうやって生活しているんだろう？」

という疑問を持たれるのは当然です。

その疑問から税務署が、

「赤字操作をしているのではないか？」

と考えても不思議ではありません。

もちろん預貯金などの財産を切り崩したり、融資先からの援助に頼っていたりということはありますが、企業はともかく、フリーランスや個人事業主がそのような赤字経営を続けられることは極めて稀ですので、目をつけられると考えたほうがよさそうです。

もちろん、**赤字にならずとも収入に対して、経費があまりにも多いというのも疑わしい**と判断されると思います。

さきほど、事業収益に対する費用対効果をしっかり見極めることが大切と述べましたが、この感覚はむやみに税制調査に入られるのを予防するためにも、ぜひ身につけてほしいことです。

次にチェックされやすいのは、経費の内訳バランスです。

これは同業の事業者の多くが申告している経費のバランス傾向に比較して、みなさんの経費の内訳バランスが検証されていると考えてよいでしょう。

おそらく**税務署は、業種別に経費の内訳バランスを分析したデータ資料をもっている**はずです。

外食であれば外食業者の傾向、出版のライターやデザイナーなどのクリエイターであれば各クリエイターの傾向など、その他も個人投資家やブロガーに至るまで、さまざまな分析データがあると考えたほうが自然です。

「ライターは取材費や旅費交通費が多いものだけど、デザイナーは自宅での作業が普通だから、このデザイナーの納税者がたくさん旅費交通費を計上しているのは、なぜだろう？　入ってみるか……」

なんていう調子で審査しているシーンは、リアルに想像できるのではないでしょうか。

３つ目は、２つ目の経費の内訳バランスに似ていますが、**業種に結びつかない項目の経費が計上されている**場合です。

たとえば、個人投資家が広告宣伝費を計上するなど、本業の運営に関係なさそうな経費が含まれていると、

「投資家が何を宣伝するのだろう？」

などと、やはり税務署員は気にかけるのではないでしょうか。

とはいえ、もちろん個人投資家が広告宣伝費を使って、何かの情報を配信することはあるでしょうし、日本中を飛び回っているデザイナーさんもいらっしゃると思います。

あくまでイメージ的な問題ですが、同業の事業主のデータ傾向と比較した場合は、そのあたりが浮き彫りにされて、どうしても目立つので税制調査先の候補に上がりやすくなるとはいえるでしょう。

最後は、**やたらと雑費の計上額が大きく、その他の経費があまりない人も要注意**です。

以前、私がかかわったクライアントの方で、すべての経費を雑費にまとめて放り込んでいる女性がいらっしゃいました。

彼女いわく、

「だって、めんどくさいんだもん……」

このご意見には私も苦笑いするしかなかったのですが、**雑費はあくまで雑費で、項目から漏れた小さなものをまとめるもの**ですので、雑費しかない……というのは、あまりにもおかしいです。

確定申告は、確かに面倒くさいものですが、１年に１度、みなさんのビジネスを総決算して、俯瞰的視野で分析できるいいチャンスでもあります。

「めんどくさい……」という気持ちはグッと我慢して、ぜひしっかりと取り組んでください。

とにかく**収入が少ないからといって、税制調査の対象とならない時代は終わ**

りを告げています。

マイナンバー制度が導入されて、いままで縦割りでしか動くことのなかったお役所が共通したデータを把握できるようになったことで、ますますその傾向は強まると思います。

商いが小さいから……という先入観は捨てて、それぞれみなさんが自分の業種に鑑みて、収入と経費のバランス、経費の内訳バランスを見極めつつ、しっかり経費の積み上げを構築していただきたいと思います。

基本的には、何か商品を購入したり、サービスを受けたときには必ず領収書をとり、経費に対するバランスを念頭におきながら、とにかく売り上げにかかわるものを経費に計上していけばよいでしょう。

それが習慣化できれば、税金に関するバランス感覚は、肌感覚で備わってくるはずです。

使える領収書、使えない領収書

業種にもよるのですが、**「使えない領収書」というものは基本的にはない**と考えてよいでしょう。

どんな領収書でも、本業に対して直接的、間接的に関係していれば、経費として認められるものがほとんどです。

大切なことは、

その領収書の内容について、

税務署サイドに合理的な説明ができるかどうかです。

しかし、領収書の中にも使うのが難解なものは確かにあります。

まず、代表的なものは夜関係のもの……もちろん、飲食や夜のオネエサンによる接待（キャバクラやクラブなど）は、むしろ王道ともいえる「使える領収書」ですが、**ズバリ風俗関係は難しい**でしょう。

昔は、「五せる」なんて俗語があって、役人接待の方法として「食わせる、飲ませる、握らせる、抱かせる、いばらせる」と、聞いている分には面白いけれども、現代の感覚ではとても理解できない作法もあったようですが、接待といえども「握らせる」、「抱かせる」などということは、昨今の社会事情では許されるものではありません。

もちろん、役人を接待すること自体が法律で禁止されている、ということはいわずもがなです。

さて、風俗関係の領収書が認められる例外的なケースといえば、雑誌やウェブなどの風俗関係の記事制作にたずさわっているライターさんとかカメラマンさんなど、実業と直接関係している職種の方でしょうか。

このようなお仕事をされている人は、風俗といえども経費で落とすことはまったくＯＫです。

税務署に突っ込まれても、

「風俗ガイドをつくっているのですから、実際に行かないとわからないじゃないですか！」

といえば、それは極めて合理的な説明ですから、税務署員が否定できるところではありません。

最近のニュースでも、文部科学省の事務方トップの元事務次官の方も、現職時に女性の貧困問題の調査として、出会い系バーに通われていたそうですから、**合理的な説明さえできれば風俗に取材に行くことも、立派なお仕事の範疇であると**役所にもわかってもらえるはずです。

あとは、スーパーマーケットで購入した食品なども、なかなか本業とは結び付きにくいものかもしれません。

先に登場した料理研究家のNさんとか、外食業者の仕入れである場合などはもちろん経費ですが、少なくとも食に関係している業種でない限り、継続的に経費に計上するのは難しいものといえます。

その他にも、経費計上が難しいものはありますが、それは第2章以降で随時解説していきます。

くり返しになりますが、**税務署員に聞かれたときに合理的な説明ができるも**

のか否かを、常に考える習慣を身につけることです。

いつも「経費になるか、ならないか」を自分でジャッジするトレーニングをすることで、「使えない領収書」が思いがけず「使える領収書」に化けることも多々あります。

必要経費の範囲とは？

収入に照らして考えたときに、収入の額に応じて認められる必要経費に上限があるのかといえば、基本的には一切ありません。

シンプルにいえば、「経費」とは「売り上げにかかわるすべての出費」をさしますが、ときに経費が売り上げを上回る逆転現象も起こります。

つまり、赤字です。

赤字経営をすることは、税法上はもちろん、どのような法律にも触れることなく認められています。

コンプライアンス上、まったく問題はありません。

しかし、**経営上においては、当然赤字は大問題**です。

赤字経営が続けば、資産の切り崩しや借金をしない限り、大企業、中小零細企業の違いなく、もちろん**個人事業主であっても、いずれは倒産、廃業する**しかありません。

収入よりも経費が上回る赤字が何年も続けば、

「この人、どうやって生活しているんだ？」

と疑問をもたれるのは当然であり、前述の通り、税務署も同じように考えるはずです。さらには、

「収入を隠しているか、経費を水増ししているのでは……」

そう疑われることになり、税制調査は必ず入ると考えてください。

赤字経営を続けているのに、借金もなく、肌艶よくピンピンして生きているあなたを目にすれば、

「コイツは怪しい！」

と徹底的に調べられると考えたほうがよいでしょう。

つまり、必要経費の範囲は一切ありませんが、ご自身の収入と照らし合わせてみて、**赤字にならず、不自然でもない「自己規制的な範囲」で経費計上するのが賢明**だといえます。

節税の視点よりも、経営者的な視点で考えれば、あなたの必要経費の範囲はおのずとわかるのではないでしょうか。

もうひとつ、気を付けていただきたいのは、運よくビジネスが成功して年商がアップした場合です。

たとえば、前年の年商が500万円だった人が一発当てて、翌年に年商2000万円になったとします。

経費計上は前年200万円でしたが、翌年は800万円に増えていたとすると、税務署サイドは、

「1年で売り上げが4倍になったけど経費も4倍になった？　税金をごまかすために操作してるんじゃないのか？」

と考えるものです。

もちろん、実際にそうなることはあるので合理的な説明ができれば問題はありません。

しかし、**収入がドーンと大きくアップしたり、逆にダウンしたりと変動が大きくなったタイミングは、税務署に目をつけられやすい**ので、より一層の注意を払って損はありません。

勘定科目を覚えよう！

「勘定科目」とは、確定申告のときに作成して税務署に提出する「所得税青色申告決算書」の経費欄にある科目のことです。

主なものには水道光熱費や旅費交通費、通信費、広告宣伝費、接待交際費、消耗品費、減価償却費、地代家賃、雑費などがあり、空欄には納税者の都合に合わせて新たな科目を加えることもできます。

すべての科目を覚える必要はありませんが、56〜57ページの**図に挙げたような主な科目があることを普段から意識しておく**ことで、出費に対して、それが

経費計上できるか否かを判断する基準ができるので便利です。

ポイントは、自分の業種に鑑みたときに、

「この職業の人が、なぜこの科目に大きな経費をかけているんだ？」

と**税務署員が疑問に思うような不自然な計上をなるべくしない**ということです。

たとえば、納税者が不動産賃貸業を営む個人事業主であるのに、旅費交通費に大きな額が計上されているケースなどでしょうか。

もちろん、不動産賃貸業者が遠方に出張すること自体はおかしくないのですが、この業種を営む人は「地域密着型」が大部分です。

消耗品費

減価償却費

福利厚生費

給料賃金

外注工賃

利子割引料

地代家賃

貸倒金

雑費

主な勘定科目一覧

- 租税公課
- 荷造運賃
- 水道光熱費
- 旅費交通費
- 通信費
- 広告宣伝費
- 接待交際費
- 損害保険料
- 修繕費

不動産屋さんの店頭にある物件紹介を見ればすぐにご理解いただけると思いますが、扱う物件の中心は事務所の所在地域周辺にあるものとなります。もちろん遠方の物件を扱うこともあると思いますが、千葉県の不動産屋さんの店頭に、福岡県のマンション物件が紹介されていても、普通あまり需要はないでしょう。

九州に出張して福岡県の物件を探すくらいであれば、千葉県内でなるべく近所にある物件をそろえたほうが経費もかからず、売り上げも伸びるはずです。実際、私のクライアントである不動産賃貸業者の方の大半は、全経費の中で旅費交通費の割合が小さくなっています。

そんな中、たとえば年間50〜60万円もの旅費交通費が経費として計上されているとしたら、私のような立場でも不自然に感じて、

「昨年、ずいぶん出張されたんですね……。どのようなお仕事内容で、どちらに行かれたのか、一応教えていただけますか？」

とお聞きすると思います。

年間50～60万円といえば、月額4～5万円ほど使わなければいけないので、通常の場合、近郊だけの移動では説明しにくく、やはり新幹線や飛行機などによる遠方への出張が複数回あるのが普通です。

出張の多い業種の方であれば、よくあるケースとなりますが、たとえば「関西の物件を扱う東京の不動産賃貸業者」というのは、やはり特殊な例となりますので、同業者のデータと並べたときにどうしても目立ってしまうことになります。

つまり、多くの不動産賃貸業者の方は、あまり旅費交通費を経費計上することはないので、同業者のデータと照らし合わせて**異例ともいえる科目の金額が大きければ、結果として税務署員にあらぬ疑問を抱かせてしまう**ことになりかねません。

もちろん、税務署に突っ込まれたときに合理的な説明ができれば問題はありませんが、**業種に鑑みて異例といえるような科目の経費を不用意にふくらませてしまうことは避けるべき**とはいえるでしょう。

毎年、確定申告をおこなっていれば「よく使う科目」というものが決まってきますし、それこそがみなさんの業種に合った経費バランスを示すものとなります。

その傾向は、必ず同業者の人たちとも似たり寄ったりになりますので、税務署が審査するためのデータベースにも生かされていると考えてください。

税務署サイドがイメージしやすい経費バランスで計上すれば、税制調査に入られる可能性は低くなります。

そのためには、**普段から主な勘定項目を頭に入れておくこと**がとても役立ちます。

税務署に文句をいわせない経費計上とは？

税務署サイドにあらぬ疑いを抱かせないためには、税務署員がイメージしやすい経費バランスを整えることが大切であるということは、すでに述べました。

「確かにこの経費は必要だよね」

そう税務署員に思わせるためには、これからご紹介するちょっとしたテクニックを身につけることも役立つことになります。

私のクライアントで、ファッション雑誌のモデルの仕事をフリーランスでしているAさんのケースを例に解説しましょう。

Aさんは職業柄、日常的に洋服や化粧品を多く必要とするほか、ご自身の肌やスタイルの美しさを保つために、エステやスポーツクラブ通いが欠かせません。

しかし、フリーランス1年目の確定申告のときに、これらの必要経費をどの科目に計上するかで悩んでしまったといいます。

散々悩んだ挙句、Aさんは、

「うーん、やっぱり消耗品費かな……」

と考えて、洋服代や化粧品代、エステ費用、スポーツクラブの会費をまとめて消耗品費に計上しました。

こうして2月の確定申告は無事に済み、ホッとしていたAさんですが、秋を迎えた頃に税務署から連絡があり、税制調査に入られてしまいました。

結局、修正を求められる結果となり、その後私の事務所にお越しになることになったのです。

Aさんは決しておかしな経費を計上したわけではなかったのですが、彼女の作成した所得税青色申告決算書をみた税務署員は、

「うん？　消耗品費が80万円？　なぜこんなに消耗品が必要になるんだろう……」

そう思ってしまったに違いありません。

私の推測では、この税務署員は恐らく男性で、自分のファッションにもあまり関心のないタイプだったのではないかと思います。

そこで私はAさんにひとつのアドバイスをしました。

「Aさんのモデルという職業でかかる経費を、もっと税務署が理解しやすい形に整理しましょう」

確定申告のときにAさんが悩んでしまった通り、もともと所得税青色申告決算書にある科目の中には、洋服代や化粧品代、エステ費用、スポーツクラブの会費を計上するために適した科目がありません。

しかし、**科目は納税者の都合で新設することができる**ものです。

Aさんの例でいえば、まず洋服代は「衣装代」、化粧品代は「メイク費」、エステ費用とスポーツクラブの会費は「美容代」などとして、それぞれ科目を新設して、経費計上するようにしました。

このように**経費の内容がすぐにイメージできる科目をつくり、こまかく振り分けて計上する**ことによって、

「モデルさんには、こういう経費は必要だよな」

「キチンと整理して申告してくれているな。この人は信用できそうだ」

などなど、税務署サイドに安心と好印象を感じてもらえる可能性を高めることができるのです。

このテクニックは、ぜひ覚えておいてほしいと思います。

逆に消耗品費や雑費などの科目に、さまざまな経費を一緒くたに放り込み、ひとつの数字が膨れ上がってしまえば、

「こんなに消耗品が必要なはずがない！」

「雑費ばかりで、何に使った経費かわからん！」

と思われてしまうだけでなく、

「この人の申告は雑過ぎて信用できない。きっと管理もできていないだろうから、計上されていない収入もあるんじゃないか？」

などと疑われてしまうことにもつながります。

そもそも**消耗品費や雑費などは、使用目的はしっかりしているものの、ひとつひとつの金額が小さい経費をまとめて計上するためにある科目**なので、全体の経費バランスでいえば、極々小さな割合であるべきものです。

もちろん合理的な説明ができれば、消耗品費や雑費が膨らむこと自体は決してルールを外れたものではありませんが、経費総額が５００万円なのに雑費がそのうち４５０万円を占めていれば、税務署も調査しないわけにはいかなくなります。

確定申告は面倒くさい作業ではありますが、税務署サイドが経費の内容をイメージしやすいよう、科目整理はキチンとしましょう。

より具体的でわかりやすい所得税青色申告決算書をつくることこそが、税務署に文句をいわせないための近道となります。

接待交際費の範囲はどこまで？

「経費」や「領収書」というワードを耳にして、最初にイメージされる科目は「接待交際費」ではないでしょうか。

まさに経費の花形……といえるかどうかはわかりませんが、この接待交際費について、よく次のような質問を受けます。

「接待交際費は、経費のどの程度の割合まで許されるものですか？」

これはどの科目についてもいえることですが、

「範囲は無限です。いくらでも経費で落ちますよ」

そう私が答えると、みなさんびっくりされます。

極端なことをいえば、年商1000万円の個人事業主が年間1200万円の接待交際費を計上しても、その計上自体が非難されるものではありません。

ひょっとしたら、この1200万円の接待交際費で築いた人脈が実を結んで、翌年の年商が3000万円に跳ね上がるかもしれないわけですから、基本的には税務署の立場から、

「もっと接待交際費を減らして、経費を削減してください」

とはいえないわけです。

もちろん、雇用している経理担当者がいらっしゃる場合、その人からは怒られるかもしれませんが……。

ただし、**誰と何の目的で飲食やゴルフなどのレジャーをしたのか、キチンと説明できるよう記録を残しておく**ことは必要です。

税制調査が入った場合、税務署員はみなさんに次のような質問をしてくるはずです。

「どなたとの会食ですか？」

「その方の名刺を出してください。これから連絡して確認しますが、問題ないですよね？」

「手帳を見せてください」

「この会食の目的は何ですか？」

このような質問をしてから、税務署員は実際に会食相手やお店に連絡をとり、完全な裏とりをおこないます。

その際に合理的な説明ができるよう、記録だけはしっかり残しておくことをおすすめします。

目的があったとしても、**接待交際費はどこで売り上げにつながるのかわかりにくい経費**ですので、相手の方がみなさんの業種に直接関係のない人でもまったく問題はありません。

また、特定の人といつも一緒に飲んでいようが、その頻度も関係ありませんし、その人との会食が**現状1円の売り上げにもつながっていなくても、税法上はまったくOK**です。

その接待交際費がいつ売り上げにつながるのか、つながらないのか、直接的につながるのか、間接的に効果があるのか……など、税務署は一切判断できませんし、判断すべき立場ではありません。

相手さえいれば、基本的には経費として認めざるを得ないものですので、合理的な説明ができるものはどんどん経費に計上してください。

ただし、実態のないカラ伝票の領収書を用意して、経費を水増しする行為は犯罪となり、刑事的にも処罰されますので絶対にしてはいけません。

金額や日付は、税務署が裏とりをしたときに間違っていなければ、自分で記入したものでも認めてもらえますが、会計時に店の人に記入してもらうほうがトラブルにならずベストです。

そもそも「会議費」ってなに？

「家族との飲食を接待交際費で落とすことは可能ですか？」
という質問もよく受けます。

結論からいえば、基本的には何も問題ありません。

近年、某元東京都知事の方が家族と過ごした温泉旅館の宿泊費を経費として計上していたことが判明し、大問題となって、結局辞任に追い込まれるという事案がありました。

このとき問題とされたのは、その経費が税金で賄われる公金であったためであって、個人事業主や民間企業が自らの売り上げに対する経費として計上する場合は、相手が家族であるかどうかは問題にはなりません。

ひとつ例を挙げましょう。


個人事業主として、ひとつの家業を経営していた親子がいたとしましょう。

ある日、父親のほうが息子さんを誘って、

「たまには親子で飲もうじゃないか」

とその夜、居酒屋さんに飲みに行きました。

当初は仕事の話をするつもりではなかったのですが、同じ家業を営むふたりですので、お酒が進んでトークが盛り上がるうちに自然と仕事の話に移行していきました。

さて、この夜の飲み代を経費で落とせるのかといえば、まったく問題なく経費として認められます。

「共同経営者である息子と家業の未来予想について、食事をしながら議論を交わしました」

そう説明すれば、税務署は問題なく認めてくれます。

もちろん、この夜の議論が売り上げにつながったのかどうかも、問題ではありません。

民間企業でいえば、父親が経営者、息子さんが従業員となるだけで、状況はまったく同じです。

しかし、この場合も**不用意な税制調査をまねくことを避けるために、もうひとつ小さなテクニック**を覚えておいてください。

このような家族間の会食は、所得税青色申告決算書に**「会議費」や「打ち合わせ代」などの科目を新設して、その他の接待交際費と区別して計上する**ようにしましょう。

税務署員がイメージしやすい科目をつくり、キチンと分類して経費計上することで、申告の信ぴょう性はグッとアップして、税務調査は入りにくくなります。

このように、所得税青色申告決算書は「きっちり感」が醸し出されるよう、丁寧に記入、作成するのが何よりのポイントです。

事業に関連づければすべてが経費になる!?

この章では、誤った税金の払い過ぎを防いで、スマートな納税を実現するために、的確な節税対策の必要性についてお話ししてきました。

また、そのためには**売り上げに対する経費のバランス、経費の内訳バランス、同業者の経費傾向とのバランス……3つのバランス感覚を日頃から養いましょう**と提案してきました。

税金額を軽減するための方法は、「売上減」か「経費増」のいずれかしか手段がなく、ビジネススケールを成長させたまま実行できる節税は「経費増」だけです。

税法上も問題のない、適切な「経費増＝経費を積み上げる」をおこなうためには、みなさんの必要経費を証明する領収書の使い方に長けていなくてはなりません。

日本の税法ではビジネス上の経費について、みなさんが考えている以上に寛容であり、幅広く認めています。

直接的か間接的かの区別なく、みなさんの事業に関連づけることができれば、すべての出費は経費となるのです。

大切なことは、経費で落とす出費の領収書に関して、税務署に問われたときに合理的な説明ができるということです。

そのためには、確定申告のシーズンだけでなく、1年365日、いついかなるときもお金を使えば、

「これは経費で落とせるか？」

「事業のために、どのように役立つのか？」

「確定申告では、どの科目に計上できるか？」

という自問自答をくり返す習慣を身につけることで、税務署員を前にしてもスラスラと説明できるよう、頭をトレーニングすることです。

このトレーニングをおこなっているうちに、税金に関するさまざまなバランス感覚を養うことができ、すべては肌感覚で自然と理解できるようになります。

１枚の領収書を「使える領収書」にできるか、「使えない領収書」にしてしまうかは、あなた次第ということになります。

節税対策は脱税とは異なり、法律によってすべての労働者に認められた権利です。

スマートな納税を実現することで、みなさんのビジネスがさらに大きく成長すれば、結果的に納税額も大きくなります。

適切な節税対策によって、日本はもっともっと元気になるのです。

胸をはってスマートな納税をして、気持ちよく仕事に励みましょう。

第2章

実例・攻めの領収書術①
キホンの経費は確実に落とす

攻めの領収書術でビジネスを拡大しよう

第1章では、普段のお金の出し入れ時において、諸々の出費がみなさんの事業に関係する経費なのか、否かを考える癖をつけていただきたいということをお話ししました。

そして、事業を支える経費であると判断できた場合には、常に税務署員に聞かれたときに合理的な説明ができるよう、思考のトレーニングをしておくことの重要性も解説させていただきました。

さらに、1年間の経費全体を俯瞰的に見て、みなさんの事業の業種や規模に照らし合わせて、収入と経費のバランス、また経費の内訳バランスを見極めつつ、しっかり経費の積み上げをすることで、スマートな納税をしましょう……と提唱しました。

ここまでお読みいただいた賢明なる読者のみなさんには、すでに税金に対するバランス感覚が養われつつあると思います。

第2章以降でお伝えしたいことは、ズバリ**「攻めの領収書術」**です。

といっても、もちろん脱税指南ではありません（笑）。

この本の冒頭でもお伝えした通り、そもそも、

「みなさん、税金を払い過ぎです！」

これは一税理士として、毎日クライアントのみなさんと接している私が肌で感じている印象なのです。

税金は日本という国を運営する大切な資金ですが、支払うみなさんが納税することに疲弊してしまうのは本末転倒です。

個人事業主のみなさんが夢と希望をもって、楽しく働き、ビジネスをどんどん拡大していくことが、結果的に国全体の税収入を増やすことになるのはいうまでもありません。

経費は、みなさんの事業を支え、養う大切な資金ですので、しっかり攻めの領収書を切っていこうではありませんか。

家電は経費で落とせる？

「家電」とは「家庭用電気製品」の略ですので、名前からいけば経費として領収書を切るのは難しい……と思われがちですが、そんなことはありません。

もちろん事業に関係していればですが、結構落とせます！


まず、**エアコン**。

これは**個人事業主の必需品**ともいえる家電です。

オフィスや仕事場となる書斎、来客用の応接間などエアコンディショニングは必須ですので、まず問題にはなりません。

冷蔵庫、電子レンジ。

落とせます。

もちろん100％家庭用ではダメですが、事業がおこなわれる空間で考えれば、夏場の来客用に冷たい麦茶を用意したり、事業主や従業員が昼食のお弁当を温めるなどのシーンは容易に想像できます。

このように事業に関係する頻度にもよりますが、**毎日使うようであれば合理的な説明は可能**だと考えます。

あまり使っていないかな……と思われる方は、代金の一部を経費計上すればよいでしょう。

テレビも、きちんと合理的な説明ができれば、経費として落としやすい家電のひとつといえるでしょう。

事業に関係する教材のＤＶＤを観たり、情報取集の一端として利用するなど、**比較的多くの業種にマッチした使い方がある**のではないでしょうか。

掃除機。

落とせます。

仕事場や応接間などを清潔に保つことは、事業を展開する上で大切なことです。それ以上の説明はいりません。

ステレオ。

これはいくらなんでも……と思われがちですが、案外落とせます。

心地のよいＢＧＭは、働く人のモチベーションをアップさせますし、ストレス解消の対策としても大変有効です。

また、来客の方にいい印象を与えることにも一役買えるものですので、**税務署の理解が及びやすい家電のひとつ**といえるでしょう。

このように、家電は結構攻めやすいものです。

難問でいえば……

たとえば、**炊飯器。**

これは難しいです。

「お昼のお弁当を温める電子レンジがいいのであれば、『昼食用のごはんを炊く』と説明すればいいのでは？」

と思う方もいるかもしれませんが、一般論として業務のさなかに食べるためのごはんを炊く……というのは、あまり想像できません。

もちろん、外食産業で業務用のごはんを炊くとか、米に関係する事業をおこなっているなどのケースは認められるはずですが、昼食用のためだけの使用では、経費計上はおすすめできません。

家電を経費で落とす場合に、注意していただきたいことがふたつあります。

ひとつ目は、勘定科目は**「消耗品費」**になることです。

消耗品とは文字通り、使ったらなくなる、いずれ壊れるものが対象となります。

「とりあえず、消耗品に入れとけ！」

なんていうぐらい、対象となるものが多い科目ですので、あまりに**金額が膨らむと税務署にあらぬ疑いをかけられてしまう可能性がある**ので注意しましょう。

ふたつ目は、**高額な家電**を購入するケースです。

税法上のルールでは、**10万円以上の商品を購入した場合は、その詳細な内容を申告**しなければなりません。

高級家電が流行している近年では、10万円を超える家電はザラにありますので、不用意な購入は避けるべきでしょう。

逆にいえば、10万円以上の炊飯器を（もちろん合法的に）経費で落とし、税務署に合理的な説明をして納得させることができれば、領収書名人といえるかも……。

家賃を経費で落とせる？

家賃は、勘定科目でいうと「地代家賃」に入ります。

地代家賃について、クライアントのみなさんからよく尋ねられることがあります。

それは、

「経費で認められるのは、家賃の3分の1までですよね？」

という質問です。

この**「3分の1」というロジックはほとんど都市伝説のようなもの**で、誰が何を根拠にそんなことをいったのか……実はまったく不明です。

「間取りが3部屋あって、そのうち1部屋を仕事部屋として使っているので……」

などの理由かもしれませんが、家賃が発生している物件で仕事をしているのであれば、**家賃の全額を経費計上するのが普通**です。

特に自宅兼事務所の場合は迷うかもしれませんが、しっかりと仕事をしている実態があれば、家賃の100%をきちんと経費に計上するべきでしょう。

税務署が確認したいのは、その「実態」だけです。

本当に**その物件の中で業務がおこなわれているかどうか……その一点のみ**

が重要なのです。

税法上、「自宅兼事務所の場合は、家賃の3分の1までを経費として認める」なんて記載はどこにもありませんが、税務署が見て業務の実態が確認できない場合は、法律うんぬんに関係なく、家賃の経費計上は1％も認められないのです。

税務署に対して、業務の実態について合理的な説明さえできれば、事務所とは他に自宅があるケースで、事務所と自宅の両方の家賃を経費計上している方も少なくありません。

この場合、問われるべきは、事務所以外に自宅でも業務をおこなっている実態があるか、否かという問題だけなのです。

「事務所に不在のときでも、クライアントに対応できるように、電話は自宅に転送されますし、業務もおこなえるよう設備も整えています。営業の受付時間外でも、仕事をしないと追いつきませんので……」

そう**説明した上で、自宅の業務実態を示す証拠を提示**できれば、税務署は必ず認めてくれます。

光熱費、電話代も経費で落とせる？

勘定科目は、電気代、ガス代、水道代をまとめたものが「水道光熱費」、電話代をはじめ、インターネット回線料、郵便代、宅急便代などをまとめたものが「通信費」です。

水道光熱費と通信費は、**業種を問わず、現代人が社会活動をおこなう上で必要不可欠なものばかり**ですので、当然経費計上できます。

しかし、計上していない人がとても多いのが実情です。

水道光熱費については、長年多くのクライアントに接してきた私の感覚でいえば、**月2000円までは税務署は確認することなく認めてくれる**はずです。

それは、

「人が社会活動をすれば、月2000円程度の水道光熱費は必要」

ということを税務署サイドも認識しているということでしょう。

この認識にのっとって考えれば、

「本当に月2000円も水道光熱費を使っているのか？」

と疑って、いちいち確認する作業自体がムダということになります。

その結果、月2000円まではスルーという判断になっているのではないか

と推測します。

しかし、この月2000円という金額すら経費にのせていない人が本当に多

いのです。

使っている意識がなくても、かかっている経費が水道光熱費ですから、**最低月２０００円、年間２４０００円は計上**してください。

また、水道光熱費と通信費については、

「引き落としなので、領収書がありません」

「領収書を捨ててしまった……」

ということをおっしゃるクライアントも少なくありません。

「領収書なんてなくても、まったく問題ありません」

私がそうお答えすると、みなさんとても驚かれるのですが、電気代、ガス代、水道代、電話代、インターネット回線料については、通帳の引き落とし記録や手元に残っている月額を示すものを提示して、毎月およそいくら程度かかっているのかが示せれば、税務署はきちんと認めてくれます。

確認が必要と判断されても、税務署が各企業に問い合わせれば明確な金額がすぐにわかるので、仮に**領収書がなくてもあきらめずに経費として計上する**ようにしてください。

遠慮し過ぎているのか、はたまた経費感覚がないのかは不明ですが、とにかく計上漏れの人が多い水道光熱費と通信費。

しっかり経費に計上して、スマートな納税を実現しましょう。

交通費の領収書を失くしたら？

飛行機や新幹線、ＪＲ＆私鉄の各線、タクシー、バスなど**公共交通機関を利用した「旅費交通費」は、もちろん経費計上可能**です。

ここでも問題となるのは、その交通による移動が業務に関係しているのかどうかということだけです。

数年前に、お茶の間を賑わせた関西の某号泣県議さんの場合は、納税の問題とは別の政務活動費の問題でしたが、実態のない出張で某温泉や東京などへの交通費を請求したことがバレて、返還&刑事告訴という憂き目に遭いました。

あの場合であっても、実際に移動の履歴があり、出張先で地元の観光局の人と会ったり、真面目な視察のひとつでもしていたことが証明できれば、その他の時間は温泉や地元の美味しいものを試食したり、ディズニーランドを視察したりしていたとしても、刑事告訴まではされなかったのではないか、と推察します。

(とはいえ、このご時世では、政務活動費の返還は避けられなかったでしょうが…)

少なくとも有罪判決を受けることはなかったと思います。

税務署に関しても同じことがいえます。

役所というところのジャッジには、**常に「実態があるか、否か」が判断の大きな基準となり、出張先における仕事の質の問題はあまり問われない**と考えてよいでしょう。

実際にその交通機関を利用して移動したのか、移動先でちゃんと業務がおこなわれたのか、この点だけが大事なのです。

もちろん、チケットを購入する際にきちんと領収書をもらうことが原則ですが、近距離の電車移動やバスなどの場合、領収書をもらい損ねたり、紛失してしまうこともあると思います。

（最近は、ＰａｓｍｏやＳｕｉｃａなどの交通系ＩＣカードが普及しているので、この問題は少なくなりましたが……）

「領収書がないから、あきらめよう……」

というのは早計で、**実態さえあれば、領収書がなくても経費計上**していただいて、まったく問題ありません。

領収書がないときに大事なのは、業務のために現地入りしたのかどうかです。税務署に問われた場合は、手帳などに記した予定を見せて、現地で会合した相手の名刺などを提示すればＯＫです。

もちろん、この場合は税務署が必要と考えれば、その場で相手先に確認の連絡を入れますので、くれぐれも嘘の申告はしないようにしましょう。

実際にかかった交通費は、乗り換え案内「駅すぱあと」などを使えばすぐに調べられるので、領収書はなくても問題ありません。

車による移動も、もちろん経費計上できます。

車の場合、勘定項目は旅費交通費の他に、別途「車両費」という科目が用意されています。

車両費は、社用車（自家用車との兼用も含む）のガソリン代、車両保険、修繕費、自動車保険の保険料、車検代などを計上する科目です。

出張の際のレンタカー代とガソリン代は、旅費交通費に計上し、社用車のガソリン代は車両費、もしくは旅費交通費に計上すればよいでしょう。

第3章

実例・攻めの領収書術②
上手に使えば
「交際費」も節税に効果的

交際費に上限はあるの？

勘定科目でいう「接待交際費」については、すでに69ページ以下で詳しく解説しました。

接待交際費の上限については、

「範囲は無限で、いくらでも経費で落ちる」

ということにも言及しました。

年商1000万円の個人事業主が年間1200万円の接待交際費を計上しても、税務署から非難されるものではありません。

それは、その接待交際費の結果が、翌年に年商3000万円への成長につながらないとは限らないからです。

とはいえ、もちろんこれはかなり特殊なケースであり、通常は年商を上回る接待交際費を使えば、経営資金はたちまちショートしてしまいますので、ほぼあり得ないでしょう。

また、特殊なケースは税務署の目にとまり、たとえ正しい申告であってもあらぬ疑いの目を向けられて、税務調査に入られる可能性が高くなるのも確かです。

バランスを欠いた計上は、やはり避けるべきでしょう。

しかし、この接待交際費という勘定科目は**上手に運用すれば、経費の積み上げがしやすく、節税にも効果的なツール**となり得ます。

それは、この勘定科目に該当する経費は外食やゴルフだけでなく、極めて広範囲をカバーしているためです。

もちろん、業務に関係している出費であり、さらに相手がいることがルールとなりますが、思いがけないものが実は接待交際費として十分認められるものであったりします。

ここでも、お金を使うたびに、

「この出費は経費なのでは？」

と常に考え、自分の仕事につながるものか否かを精査する習慣を身につけていることが問われるといえるでしょう。

では、攻めの接待交際費をケーススタディしていきます。

ライブや舞台のチケットも経費で落とせる？

アーティストのライブや劇団の舞台公演などのチケット代は、業務上の付き合いがある人と同行した場合は、もちろん接待交際費として経費計上できます。これは、**取引先との接待ゴルフとなんら変わらない**ものですので、迷わず計上してください。

「ゴルフをしながら商談はできるけど、ロックバンドのステージを前に話なんかできないのでは？」

などという杞憂は不要です。

あくまで**「接待」ですので、取引先である同行者をよろこばせるためであれば、まったく問題ありません。**

少し変わったケースでいえば、ライブをおこなうミュージシャンや舞台上の演者との交際のため、ということもあり得ます。

私自身、税理士業のかたわら、プロのミュージシャンという二足の草鞋を履いていることもあり、アーティストのクライアントも少なくありません。

「今度、ライブに来てよ！」

といわれれば、チケットを購入して、一観客として盛り上げに行くことも少なくないのです。

これも立派な業務上の交際ということになります。

また、これらの興行チケットを複数購入して、顧客にプレゼントするというケースも接待交際費として認められています。

いずれにせよ、業務上の取引先でないと接待交際費としては認められませんが、その接待や交際の結果が審査されることはありません。

つまり、チケット代が5万円かかったのに、それによって**1円の売り上げも得ることができなかったとしても、税務署にとってはあずかり知らぬこと**なのです。

接待交際費の枠からは外れてしまうお話ですが、24ページでご紹介した料理研究家Nさんの「研究費」のような科目を新設すれば、取引先の存在がなくても、経費計上できるケースもあります。

業種にもよりますが、例えばインターネット上のサービスなどを提供している個人事業主を想定すれば、ある程度トレンドに精通していなければならないこともあります。

「このアーティストについて、よく知っておきたい」

「この舞台公演は実際に観て、インターネットニュースで記事化して報じるべきだ」

などといった業務は、容易に想定できます。

また、後者でいえば、もちろん**実際にインターネットニュースの記事に書いたか否かは問題ではない**のです。

つまり、

「観てみたけど、記事にするほどの内容じゃなかったな」

という帰結もあるわけです。

ということは、**業種は問われるとはいえ、たいていのライブや舞台のチケット代は経費となり得る**ということになります。

最近は、インターネットビジネスをサイドビジネスとして商っている二足の草鞋リーマンの方々も増加傾向にあります。

ぜひ、日頃からこのような経費感覚を磨いて、スマートな納税に励んでいただきたいと思います。

冠婚葬祭費は経費で落とせる?

取引先関係の結婚式のお祝い、また不幸があった場合の香典など、**冠婚葬祭にかかる費用は、接待交際費の範囲内**として経費に計上できます。

これは意外な盲点で、計上していない人がとても多いものです。

「だって、お祝いや香典は、領収書が出ないでしょう?」

そうおっしゃるかもしれませんが、この場合も領収書の有無は問題にはなりません。

というのは、お祝いも香典もある程度相場が決まっているものですので、**常識の範囲内の金額であれば、税務署は領収証がなくても認めてくれる**からです。

たとえば、結婚式のお祝いは3万円、お通夜や告別式の香典は5000円などといった感じです。

業種や資金力によっては、お祝いに100万円包むという人もいるかもしれませんが、これは認められません。

取引先関係の冠婚葬祭費用については、通例の金額であれば、全額を経費として計上するようにしましょう。

旅行費用は経費で落とせる？

業務に関係する旅行であれば、**交通費や宿泊代、現地でかかるさまざまな費用は、すべて経費に計上**することができます。

勘定科目でいえば、取引先の人と同行するケースであれば接待交際費の扱いとなりますし、単独であれば前述の「研究費」や「取材費」などを新設して計上することになるでしょう。

認められる経費範囲は、特に規定はありませんが、冠婚葬祭における通例の金額など、ある程度「常識の範囲内の金額」は存在していると考えるべきです。

例えば、飛行機の国際線におけるエコノミークラスか、ビジネスクラスかという問題。

その答えは、ちょっとグレーゾーンです。

ある程度年商のある事業主や社長さんなどは、おそらくビジネスクラスでも認められると思いますが、**普通はエコノミークラスを前提としたほうが無難**ではないかと思います。

例外としては、業務がやや特殊で、現地における体調のコンディションを考慮しなければならない場合は、ビジネスクラスでも認められるケースはあるでしょう。

わかりやすい例を挙げれば、プロ野球選手です。

プロ野球選手は球団に所属していても、社員ではなく、みなさんひとりひとりが個人事業主です。

いうまでもなく、みなさんは体型も大きく、いいプレイをするために現地までの体調管理は非常に大切です。

「エコノミークラスでは、移動だけで疲労してしまい、コンディションを保てない」

という理由もよくわかります。

もちろん年収も数千万から数億円という人もいますので、ビジネスクラスで移動するのは当然ともいえるでしょう。

プロ野球選手とまでいわなくとも、現地で高い精度の業務を求められている職種の人であれば、同じ理由で税務署を納得させることは可能ではないでしょうか。

これは、新幹線などのグリーン車利用についても同じような基準が考えられると思います。

通例といえるエコノミークラスや普通指定席を利用する場合は、難しく考える必要はないでしょう。

もちろん旅行先における業務での**売り上げと旅費の兼ね合いなどは、まったく考える必要はありません。**

たとえ、旅先での売り上げが10万円しかないのに、飛行機代に20万円かかってしまっても問題ありません。

それは税務署の問題ではなく、こちらサイドの裁量の問題です。

経営上は問題がありますが、税法上はまったく問題なしです。

宿泊先についても、同じことがいえます。

10万円を超えるようなスイートルームに宿泊するのは問題ですが、常識の範囲内である宿泊費であれば、問題なく経費として認められるでしょう。

くり返しになりますが、**税務署が見るのは業務実態のある旅行であるのか、否か**です。

費用については、通例として考えられる金額であれば、うるさくいわれることはありません。

レジャー費は経費で落とせる？

「さすがにディズニーランドは、領収書では落とせないでしょう……」

と思われる方は少なくないと思いますが、そんなことはありません。

ディズニーランドやUSJはもちろん、浅草花やしき、サンリオピューロランドだって経費計上は可能です。

税務署員の目で見れば、これらの**レジャー施設とゴルフ場はまったく同じものです。**

ここでも問われるのは、接待交際費であれば取引先との交際や接待であるかどうか、研究費や取材費であれば業務と関係があるかどうかだけです。

業務であれば、ミッキーマウスと戯れようが、キティちゃんと一緒に写真を撮ろうが、まったく問題ではありません。

前述のライブや舞台と同じように、税務署に対して合理的な説明ができ得るものであれば、どんどん経費計上してください。

クライアントに配布するためのチケット購入もＯＫです。

ただし、その場合には注意していただきたい点がひとつあります。

それは、**年の瀬を迎える頃のチケットのまとめ買い**です。

レジャー施設のチケットまとめ買いに限ったことではありませんが、年末に大きな経費を発生させた場合、税務署の目には、

「年末にチケットのまとめ買い？　怪しいな。1年間の収支が見えてきた頃に、意図的に経費を膨らませているのかもしれないな……」

というふうに映るのです。

もちろん、妙な意図からではなく、合理的な説明のできる購入であればよいのですが、税務調査に入られるリスクが高まりますので、その点だけは留意すべきでしょう。

お土産代は経費で落とせる？

お土産代の場合は、その品をあげる相手次第で判断がわかれます。

たとえば、仕事の打ち合わせのために大阪に行くとすると、商談の相手に地元の手土産などを購入して持参する場合は、100％経費計上できます。

この場合、**勘定科目は接待交際費**でＯＫです。

打ち合わせが終了して、大阪から東京に帰宅するときに、家族のために大阪土産を買った場合は経費にはなりません。

商用で出かけた帰りのお土産とはいえ、家族へのお土産は業務にはまったく関係ないので、税務署からは認められないのです。

では、勤務先への手土産はというと、これも基本的には認められません。

しかし、事業主が従業員に対して購入した場合で、通例のお土産代の相場と考えられる少額のものであれば、勘定科目の「福利厚生費」、または「会議費」などを新設して計上することは可能です。

その他のケースでは、自分の勤務先に贈答しても、やはり業務には関係ないと見なされますので、**ご家族や勤務先へのお土産は原則ポケットマネー**で買いましょう。

しかし、ご家族や勤務先へのお土産を買うときに使える、よい節税方法があります。

それは、28ページ以下でご紹介したふるさと納税です。

全国各地の自治体が設定しているふるさと納税の返礼品には、その土地の特産品がズラリと用意されていますので、お土産として利用すれば、その代金分が全額控除されるので大変お得です。

経費にできない買いものにふるさと納税を利用するというのは、とても賢い節税方法ですので、ぜひ活用してみてください。

パーティー代は経費で落とせる？

ビジネスにパーティーは付きものです。

さまざまな催しのレセプション・パーティー、スキルアップのために参加する講演会などのセミナー・パーティー、懇親会などのほか、取引先が開催するパーティーなど、毎週のようにパーティーに参加している人も少なくありません。

これらの**パーティーへの参加費は、もちろん接待交際費として経費に計上**できます。

では、個人的に開かれているバースデー・パーティーなどはどうかといえば、グレーゾーンということになりそうです。

もちろん、まったく私的な関係の友人などのバースデー・パーティーであれば経費計上はできません。

しかし、取引先の企業の社長さんが自分の娘さんのバースデー・パーティーを開催し、その招待を受けた場合などは接待交際費として経費計上することが可能です。

まったく私的なものを除けば、多くのパーティーの参加費は、経費に計上できると考えてよいでしょう。

第4章

実例・攻めの領収書術③
備品はどこまで経費になるの？

備品はどこまで経費で買える？

フリーランスで働く人や個人事業主の方々、また二足の草鞋リーマンのみなさんは、自宅兼事務所という就業環境の人が多いと思います。

その場合、どこまでが業務用の備品で、どこからが私物になるのか、判然としなくなることもあるかもしれません。

第1章からくり返しお話ししている通り、この場合も物品を購入したときに、

「この出費は経費なのでは？」

と常に考え、**自分の仕事につながるものか否かを精査する習慣**を持つことが大切です。

この習慣を身につけている人と身につけていない人とでは、**1年間で相当の額の経費の差が生まれる**はずです。

それは備品ひとつとっても同じことですので、頭のトレーニングのつもりで常に経費になるかどうか考える癖をつけましょう。

パソコン代は経費で落とせる?

パソコンについては、いわずもがなだと思います。

業種を問わず、パソコンは必需品ですので、当然経費で落とせます。パソコンだけでなく、もちろんタブレット端末や周辺機器も経費計上が可能です。

勘定科目でいえば、1台のパソコンの購入価格が**10万円未満の場合は、「消耗品費」に計上**すればOKです。

複数台を同時に購入しても、1台の購入価格が10万円未満のときは、同様に計上してください。

1台のパソコンの購入価格が10万円以上の場合は、いくつか計上の仕方が異なります。

最も簡単な処理でいえば、中小企業や青色申告の個人に限り、1台のパソコンの購入価格が**30万円未満であれば「中小企業者の特例」**というルールに則って、やはり「消耗品費」に一括計上することができます。

ただし、このルールは**年間300万円までが限度額**となっていますので、注意しましょう。

別の方法としては、勘定科目の「工具器具備品」（有形固定資産）で仕分けするやり方があります。

また、1台のパソコンの購入価格が**10万円以上、20万円未満の場合は「一括資産の特例」**というルールにのっとり、勘定科目「一括償却資産」に計上して、**均等に3等分して3年間かけて償却**することもできます。

パソコンやタブレット端末、周辺機器は、3～5年程度の短いサイクルで買い替えることも多い備品ですので、計上の仕方を覚えていただいて、きっちり計上しましょう。

もちろんインターネット回線料の「通信費」への計上もお忘れなく。

ソファーやイスは経費で落とせる？

応接間などに置く商談用の応接セット（ソファーセット、テーブル、チェストなど）、仕事机などのさまざまなイスの類は、もちろん経費で落とすことができます。

ひとつ注意点を挙げれば、応接セットの場合は、個別に計上するのではなく、

セット金額を計上するのがルールだということです。

たとえば、ソファーセット12万円、テーブル6万円、チェスト3万円であれば、合計金額の21万円を購入価格として考えます。

勘定項目でいえば、**10万円未満の場合は「消耗品費」、10万円以上、20万円未満の場合は「備品費」、20万円以上の場合は「備品（資産）」**に計上します。

しかし、ここでも特例のルールがあります。

最も簡単な処理でいえば、中小企業や青色申告の個人に限り、購入価格が**30万円未満であれば「中小企業者の特例」**というルールに則って、**「備品費」に一括計上**することができます。

パソコンのくだりでも述べた通り、このルールは年間300万円までが限度額となっていますので、注意しましょう。

また、購入価格が10万円以上のものを購入した場合は、具体的に申告しなければならない点も覚えておきましょう。

この他にも、応接セットやイスの類を経費で購入する場合には、いくつか注意点があります。

まず、経費として認められるのは、あくまで業務用の実務品であり、調度品ではありません。

高額過ぎるものや来客用ではない応接セットなどは、税務署が経費での購入を認めてくれません。

また、マッサージチェア、ロッキングチェアなどは、高額であるだけでなく、寝具に近い扱いとなるため、経費購入が認められない可能性が高いと思います。

さらに、通例では、応接セットやイスの類は、長く使用できる備品とされていますので、頻繁に買い替えている場合も税務署にあらぬ疑いを抱かせてしまいますので、避けるほうが無難です。

書籍代も経費で落とせる？

日々クライアントのみなさんと接していて、**新聞や雑誌、書籍などの代金を経費に計上している人がほとんどいない**ことに、私はいつも驚かされてしまいます。

「出版の仕事をしているわけじゃないのに、計上できるんですか？」

と尋ねられることもしばしばです。

業種を問わず、仕事のスキルを向上させて、事業を拡大していくためには、**新しい知識や情報を蓄積していくことは必要不可欠**です。

現在はインターネットが普及して、パソコンやタブレット端末、スマートフォンなどで検索することによって、調べものをすることが多いかもしれませんが、しっかりとした知識を得るためには、まだまだ新聞や雑誌、書籍などに頼るケースは少なくありません。

それは、デスクワークの人に限った話ではありません。

たとえば、タクシーの運転手さんであれば、乗車したお客さんとコミュニケーションをとるために、時事問題の知識などは必要不可欠で、そのために新聞や雑誌などを読んでいる人は少なくないはずです。

インターネット検索をするために、その回線料を「通信費」に経費計上しているのに、仕事に役立つ情報や知識を得て、勉強するために利用している新聞や雑誌、書籍などの代金を計上しないのは、あきらかにミステイクです。

フリーランスや個人事業主、二足の草鞋リーマンの方であれば、ほとんどの人が利用しているはずですので、領収書をもらってしっかり経費に計上するようにしましょう。

勘定科目でいえば、**「新聞・書籍代」**といった科目を追加して記入することをおすすめします。

アプリも経費で落とせる？

前述の通り、パソコンやタブレット端末、スマートフォンなどは、社会活動をおこなうための必需品とされるものです。

これらを使用する場合、通称**「アプリ」と呼ばれるアプリケーション・ソフトウェアの類もまた必需品**といえるでしょう。

もちろん事業者の業務に関係するものに限定されますが、**経費として計上できる対象範囲は広い**と考えられます。

たとえば、交通機関の乗り換え情報や道案内をしてくれるナビゲーション・

ツールは、業種を問わず領収書で落とすことができるアプリです。

「便利そうだけど、有料のアプリだからどうしよう……」

などと購入に迷う必要はなく、**購入代金を経費計上して、積極的に仕事に活用すべき**だと思います。

そのアプリを使用することで移動時間が短縮されて、仕事の効率がアップして、新たなビジネスチャンスが広がる可能性も少なからずあるでしょう。

その結果、アプリの購入代金を上回る事業利益が上がれば、納税できる金額も増えるかもしれません。

業務をおこなう上で役立ちそうなアプリは、積極的に購入して経費計上すればよいと思います。

ゲームのアプリでさえ、経費にならないとは限りません。

もちろん業種などにもよりますが、領収書で落とせる可能性は少なからずあります。

日本のゲーム業界は、世界の最先端を突っ走っているものですし、産業としても大きな市場をもっており、もはや日本文化のひとつともいえるものだと思います。

ゲームを一商品として考えた場合、そこには利用者が「ハマるしくみ」があるはずで、そのシステムを学ぶ……という勉強は、案外広い業種に役立つものではないでしょうか。

その勉強とは、**とりあえず一利用者としてやってみる**ことです。

仕事というものは、常に消費者という相手がいるものですから、自分の感性だけで構築してもうまくいくとは限りません。

消費者となる人の感性に合わせた商品やサービスを提供できて、はじめて仕事はうまくいくわけです。

そのためには、たとえ自分の趣味ではなく、興味がないものであっても経験してみる努力が必要です。

「無料のゲームが多いなかで、なぜこのゲームにはお金を出してまでやる人がいるのだろう？」

こんな疑問を解明し、その答えを自分のビジネスに活かしたい……そんな動機づけができるのであれば、ゲーム・アプリの購入代金を経費計上することは十分可能であると思います。

また、無料のゲーム・アプリであっても、プレイ中にさまざまな課金システムが用意されているものも少なくありません。

「まずは無料で配布して楽しんでもらい、その中で欲しくなるものを有料で提供するシステムか……。この課金システムは、僕の仕事にも活かせるかもしれない」

そんな勉強のために、ゲームが役立つ可能性もあるでしょう。

新しいビジネスチャンスとは、案外自分の業種とはまったく異なる産業から学ぶことで生まれるものです。

たとえば、「マネジメント」の開発者であるピーター・F・ドラッカーは、衣服についているファスナーを例に挙げて、こう語っています。

「産業を一変させた変化の多くは他の産業から生まれている。（中略）ファスナーは、もともと海上輸送用の穀物袋向けに開発され、それを衣料用に使うことなど考えもしなかった。衣料産業では、ファスナーがボタンの代わりになるとは思わなかった。開発者も衣料産業で成功するとは思わなかった」（『ドラッカー３６５の金言』（ダイヤモンド社）より引用）

このように、仕事の上では常に違う業界にも目を向けていないと、思わぬビジネスチャンスを逃してしまうものです。

また、ゲームをやってみることで、世代の溝を飛び越えて子どもの気持ちが理解できたり、ときには取引先とのコミュニケーションツールとして利用できるかもしれません。

一見、仕事には結びつきそうもない**ゲーム・アプリでさえ、その購入代金を**

領収書で落とせる可能性が少なからずあることを考えれば、さまざまなアプリの購入代金を経費計上できる可能性もまた大きいと考えてよいでしょう。

ここにも、みなさんが税務署に合理的な説明ができるかどうか、その説明力が試されるのです。

おむつも経費で落とせる？

子ども用おむつを備品と呼べるかどうかは微妙なところですが、業種によっては経費購入が可能なケースもあります。

たとえば、お母さんであることをアピールすることでビジネス展開している「ママタレ」と呼ばれる芸能人、ママ業のノウハウ情報を提供したり、苦労話をネタにして人気を集めているブロガー、ユーチューバーなどであれば、おむつの購入代金も十分経費となり得ます。

変わったところでは、芸人さんがおむつを使ったギャグを考えたりしているケースもありでしょう。

もっと一般的な業種の人では、子ども用品関係の購入代金を経費計上するのは難しいとは思いますが、税務署への説明力を向上させるためのトレーニングとして、

「この出費は経費なのでは？」

と常に考えてみるのは、スマートな納税によって節税するために役立つと思います。

「これが経費で落とせるわけがない」

という誤った先入観に陥らないよう、経費について意識的に考える癖をつけましょう。

第5章

実例・攻めの領収書術④
見落としがちな経費も
しっかり計上しよう

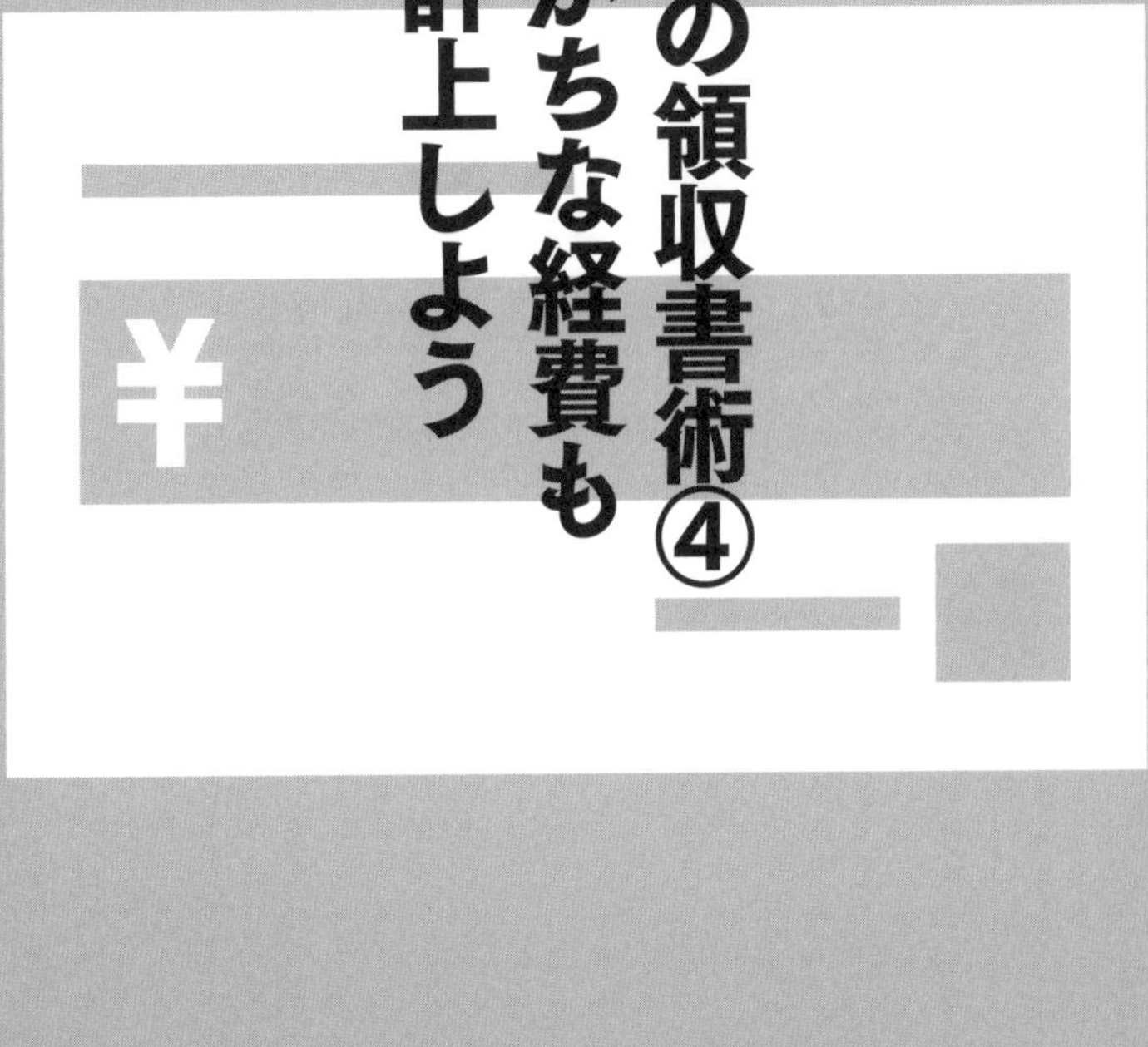

税金だって経費で落とせる！

ここまでお読みになっていただいたみなさんは、業務に関連する商品を購入したり、サービスを受けたときに、領収書をもらって経費で落とすことを忘れることはもうないと思います。

しかし、経費で落とせるのは、商品やサービスだけではありません。

「そんなものまで経費になるの!?」

と驚いてしまう人も少なくないはずです。

なぜなら、**税金の支払いすら経費計上できる**のですから……。

この章では、みなさんが経費として見落としがちなものについて、解説していきたいと思います。

支払い利息も経費で落とせる？

ここでいう利息とは、借金をしたときに支払う利息のことです。
この**借金の利息も経費計上が可能**です。

勘定科目は「利子割引料」に入れるか、「支払利息」という科目を新設して計上してください。

支払い利息のお話をするとクライアントの方から、
「元本の返済分も経費で落とせませんか？」

とよく聞かれます。

しかし、その答えはＮＯです。

借金の元本返済分は、経費計上できません。

その理由は、借金の元本返済分は借りたお金を返しただけですので、経費とは認められないからです。

考えてみてください。

一時的に借りたお金を「売り上げ」とはしませんよね？

経費として認められるのは、あくまで業務のために借りたお金の支払い利息分だけですので注意してください。

洋服代は経費で落とせる？

経費として、見落としやすいもののひとつに**洋服代**があります。

「えっ！　洋服代まで経費で落とせるの⁉」

そう驚かれるクライアントさんは、大変多くいらっしゃいます。

営業や打ち合わせの際に着るスーツ、取引先とのパーティー用ドレス、さまざまな用途に合わせた作業着などの購入代金は、すべて経費計上が可能です。

芸人さんなどのエンターティナーのステージ衣装、店員の制服となる店名をプリントしたTシャツ、変わったところでは、プロのコスプレイヤーの方のコスプレ衣装なども経費で落とすことができます。

また、いわゆる私服的な服であっても、業務用に購入したものであれば、もちろん領収書で落とせます。

ただし、応接セットやイスなどと同様に、**必要以上に高額過ぎるものは認められない可能性が高い**ので注意してください。

勘定科目は「消耗品費」か「雑費」、もしくは「衣装代」という科目を新設して経費計上すればよいでしょう。

自動車のガソリン代や車検代も経費で落とせる?

１０４ページで少し触れましたが、**車関係の費用はおおむね経費計上できる**と思って間違いありません。

社用車として利用している車はもちろんのこと、自家用車であっても業務用に使用することがあれば、家賃などと同じように使う頻度に応じて経費計上すればよいでしょう。

勘定科目は「車両費」として、有料道路の通行料金（もちろんＥＴＣでの支払いも含む）、ガソリン代、車両保険、修繕費、車検代などの経費を計上してください。

また、**自動車保険の保険料も経費**として認められます。

車ではなく、バイクでも同じ処理でＯＫです。

通勤などに自転車を使用している場合も経費として認められますので、漏れなく計上してください。

固定資産税、自動車税、火災保険、更新料も経費で落とせる？

「税金も経費になります」

というと、初めて聞いたクライアントの方は、たいていみなさん驚かれます。
もちろん、すべての税金が経費で落とせるわけではありません。

経費で落とせる税金といえば、まず固定資産税です。

固定資産税とは、土地や家屋などの不動産の所有者がその所在地である地方自治体に支払う税のことです。

たとえば、所有している不動産を店舗にしてレストランを経営していれば、その所在地である市町村に、固定資産税を納めることになります。

これは飲食業をおこなう上で、必要な経費です。

賃貸で店舗スペースを借りていれば、その賃貸料（月々の家賃のほか、礼金や更新料を含む）がかかりますが、その賃貸料を経費計上（ただし、敷金は返金されることが前提なので、経費に計上できません）しない人はほとんどいないでしょう。

ある意味、**固定資産税はその家賃のようなもの**だと考えれば、わかりやすいと思います。

つまり、固定資産税は所有している土地や家屋に対してかかる税金ですから、そこで事業をおこなう場合は、当然経費ということになるのです。

自宅兼事務所として、自宅の一部を使用している場合は、その使用割合で経費計算すればよいでしょう。

固定資産税は年4回、3カ月毎に分割して納付しますが、それぞれ地方自治体から**納税の通知が来ていれば、未払いであっても経費計上できる**ことも覚えておいてください。

ちなみに不動産を購入する場合には、**不動産取得税**という税金が課せられますが、その不動産を店舗や事務所として業務に使用する限り、この税金も経費計上が可能です。

ここでいう取得には、**購入だけでなく、建物の改築や増築も**含まれます。

固定資産税と同じような意味合いで、**自動車税**も経費計上できます。

もちろん、その車を業務に使用する場合に限られますが、忘れずに計上するようにしましょう。

勘定科目は、固定資産税や不動産取得税、自動車税はすべて**「租税公課」**に計上してください。

不動産関係でいえば、その建物を業務に使用している場合に限り、火災保険料も経費として認められます。

勘定科目は**「損害保険料」**です。

個人事業税は経費で落とせる？

個人事業税とは、個人事業主の方が業務をおこなう店舗や事務所のある都道府県に収める税金のことです。

個人事業税は、業務をおこなうために都道府県の公共サービスを利用しているという前提で、その対価として支払うものですので、経費として認められるわけです。

勘定科目は、**「租税公課」**に計上してください。

ちなみに、この個人事業税には、みなさんに覚えておいてほしい点がひとつあります。

個人事業税の税率は事業内容によって異なりますが、青色申告の特別控除10万円を引く前の**純粋な利益が年間２９０万円未満の場合には課税されない**ことがポイントです。

つまり、事業の純利益が年間２９０万円前後であると推測されるときに、ある程度コントロールしたほうがよい場合があるのです。

32ページにおいて、節税対策としてふるさと納税を乱用するよりも、物品はきちんと経費で購入したほうが個人事業税に反映されるのでかえってお得になると解説した理由は、ここにあります。

上手に経費を積み上げて、スマートな納税を心がけてください。

著者プロフィール

鎌倉 圭（かまくら・けい）
税理士法人フォーエイト 代表税理士

長野県諏訪市出身。

上京後、税理士の勉強をしながらライブハウスやストリートで趣味による音楽活動をする。

2006年、税理士試験に合格。

合格をきっかけにシンガーソングライターとして本格的に音楽活動を開始。

2007年には、1stアルバム「love activity」でCDデビューを果たす。

2008年発売の配信シングル「K!Tunes」「キズナ／デジタル難民」、2ndアルバム「Social Network」は、三作品連続でiTunesチャート1位を記録し、2ndアルバムは、その年の〝iTunes・ベスト・インディーズ・アルバム〟を受賞。

テレビ東京系番組「モヤモヤさまぁ〜ず2」のエンディングテーマや、PlayStation3、Xbox360 のゲーム主題歌も担当する。

２００９年、音楽活動を休止し、税理士事務所に勤務。

２０１０年、税理士事務所を退職し、広告代理店の経営を始める。

２０１２年、お笑い芸能プロダクションを設立。「小石田純一」「ニッチロー」「こまつ」など、多くの芸人が所属中。

その後、音楽事務所、ウェブ制作会社を軒並み設立。

２０１６年には、税理士法人フォーエイトを設立。

同年、日本最大級の税理士紹介ポータルサイト「税理士ドットコム」において、紹介数・成約数で1位を獲得。

２０１７年には、モデル・タレント事務所「株式会社ディネアンドインディー」をグループ化し、代表取締役に就任。

ＣＭや映画に多数出演中の「玉城ティナ」など、多くのモデル・タレントが所属中。

編集協力

亀谷 尚輝（税理士法人フォーエイト）

西田 貴史（manic）

岩谷 洋昌（H&S株式会社）

経費《けいひ》で落《お》とす！ 領収書《りょうしゅうしょ》がわかる本《ほん》

二〇一七年（平成二十九年）十二月二十七日　初版第一刷発行
二〇一九年（平成三十一年）三月五日　初版第十三刷発行

著　者　鎌倉 圭
発行者　伊藤 滋
発行所　株式会社自由国民社
東京都豊島区高田三―一〇―一一
〒一七一―〇〇三三　http://www.jiyu.co.jp/
振替〇〇一〇〇―六―一八九〇〇九
電話〇三―六二三三―〇七八一（代表）

造　本　ＪＫ
印刷所　新灯印刷株式会社
製本所　新風製本株式会社